M. LE DUC DE VALMY,

Ancien Député, etc.

A une époque où la coupe empoisonnée est constamment présentée au peuple et à l'armée par ses ISCARIOTES RÉVOLUTIONNAIRES, le devoir impérieux des hommes de cœur est de leur signaler que leur crédulité est indignement trompée.

Le masque enchanteur du socialisme cache une figure hideuse dont la bouche, habituée à vomir le blasphème contre tout ce qu'il y a de sacré, est avide de renouveler cette cène impie où un baiser de traître fut donné au milieu de la communion. Voilà ce qui est réservé à l'armée, le SAUVEUR de la société moderne.

Ces doctrines, œuvres d'orgueilleux mécontents, ne sont, pour le peuple, qu'un vase au fond duquel est l'oubli du devoir, le mépris de toutes les lois divines et humaines. Depuis deux ans, le génie du mal a déifié le vice, et sa funeste influence tend à dépraver l'espèce humaine tout entière.

En effet, à ne considérer que la France, quel affreux tableau ne nous offre-t-elle pas sous le rapport moral? Le lien social est prêt à se dissoudre. Les antiques vertus de nos pères sont étouffées sous le poids de la CUPIDITÉ. L'esprit d'orgueil possède tous les esprits. La subordination est en horreur à tous; ainsi, plus de société possible. LE FEU DE LA CONVOITISE EMBRASE TOUS LES COEURS!.. DE L'ARGENT! DE L'ARGENT!... Voilà le vœu unique et universel, et pour le réaliser, dans quel abîme de honte et de déshonneur, ne sommes-nous pas disposés à descendre!....

Plus de sincérité, plus de bonne foi dans le commerce, dans les relations sociales. Les surprises, les fourberies sont devenues les yeux de la société. Et bientôt, si Dieu n'y met la main, le fils méprisera son père, la fille impudique fera à sa mère le récit de son libertinage effréné. Les pères et les mères riront de la fidélité conjugale! La société française qui donnait, au monde entier, l'exemple du noble et du beau, sera la Jérusalem moderne.

Sans doute, à certaines époques de notre histoire, la France eut des temps aussi malheureux que le nôtre, mais elle avait conservé le remède à ses maux.

La foi, ce don de Dieu, cet unique principe de la vie morale et spirituelle, la foi n'était pas éteinte. Aujourd'hui nos maux sont plus profonds et semblent échapper au remède. L'impiété, le brutal athéisme, le matérialisme le plus grossier tiennent au milieu de nous leurs écoles publiques qui menacent d'augmenter nos maux en les perpétuant. Mais, comme nous l'avons dit plus haut, le maître de la création purgera la terre de ce débordement d'impuretés, si nous nous armons de la foi de nos pères. Eh bien! chrétiens, nos honorables lecteurs, montrons donc cette foi accompagnée de la fraternité non pas celle de l'homme qui ne produit que des orphelins, mais la fraternité de Jésus qui vivifie les cœurs!

Élevons nos bras vers le divin maître dans la prière, CAR NOTRE AME ATTEND CETTE DOUCE FRATERNITÉ COMME UNE TERRE DESSÉCHÉE ATTEND LA PLUIE!

Ces réflexions nous sont suggérées, d'un côté, par une monstrueuse brochure que vient de publier M. Mazzini sur l'autorité papale, et de l'autre, par deux lettres édifiantes de M. de Valmy, adressées aux Romains sur le même sujet.

Quel Code a su mieux que l'Évangile combiner les principes de la liberté naturelle avec ceux de l'ordre et de la subordination sociale, sans lesquels il n'y a ni droit, ni garanties, ni sécurité, tant pour les gouvernés que pour les gouvernants. Mais, pour que l'enseignement de cette législation divine se maintînt pure et inaltérable à travers les siècles, il fallait un centre commun d'unité, sous un chef régulateur et suprême. C'est à quoi Jésus-Christ a pourvu en investissant son apôtre, Pierre, et ses successeurs, de la puissance spirituelle des clefs. Et afin QUE CETTE PUISSANCE PUT S'EXERCER AVEC LIBERTÉ DANS TOUT L'UNIVERS, suivant la juste remarque de Bossuet, le siége apostolique a été doté de la souveraineté temporelle de Rome et de quelques provinces. Or, il n'y a pas, en Europe, de souveraineté plus justifiable et plus légitime, dit le comte Joseph de Maistre, que celle des papes. « On ne trouve ici ni traités, ni combats, ni intrigues diplomatiques, ni usurpations. En remontant, on arrive toujours à des donations spontanées et libres; Pépin, Charlemagne, Lothaire, Henri Otton, la comtesse Mathilde, formèrent cet état temporel des papes si précieux pour le Christianisme ; mais la force des choses l'avait commencé, et cette opération cachée est un des spectacles les plus curieux de l'histoire. » La démagogie, ignorante et brutale de sa nature, était seule capable de méconnaître le caractère exceptionnel et en quelque sorte sacré de cette souveraineté, nécessaire complément du pouvoir spirituel. Elle a voulu y substituer un gouvernement de sa façon, et là, comme ailleurs, elle n'a su produire que le désordre et l'anarchie. Les circonstances de ce fait inouï ont été discutées au point de vue religieux, avec un rare talent d'observation, sur les lieux mêmes et au moment où il venait de s'accomplir, par le noble écrivain dont le nom est placé en tête de la présente Notice.

M. le duc de Valmy est issu d'une famille ancienne et illustre. Les titres de cette famille portent qu'elle a été reconnue par Louis XIV, comme faisant partie de la noblesse.

Le maréchal de Kellermann, duc de Valmy, mort en 1820, était entré, comme cadet au régiment de Lœwendal, en 1752, et était maréchal-de-camp en 1788.

François-Christophe-Edmond de Kellermann, duc de Valmy, né en 1802, fit ses études au collége Sainte-Barbe, à Paris. Plus tard, il étudia le droit à l'université d'Heidelberg.

En 1824, à peine âgé de vingt-deux ans, il fut attaché à l'ambassade de Constantinople, et, en 1828, envoyé par le ministre des affaires étrangères en Morée, avec l'armée expéditionnaire.

Après le départ d'Ibrahim pour l'Égypte, le duc de Valmy fut chargé, avec le général Trézel, de parcourir la Grèce et d'en faire connaître la situation. En 1829, il fut accrédité auprès du comte Capo-d'Istrias, en qualité de chargé d'affaires et créé Chevalier de la Légion-d'Honneur.

Nommé secrétaire de légation en 1830, M. le duc de Valmy resta attaché à la mission de Grèce jusqu'à la révolution de juillet. Il revint à cette époque, et s'abstint de servir pendant quelque temps. Cependant de vives sollicitations le décidèrent à rentrer au service, en qualité de premier secrétaire et de chargé d'affaires en Suisse.

Arrivé à Lucerne au mois d'avril 1831, le duc de Valmy y trouva M. de Saint-Aignan sur le point de renoncer à la négociation qu'il avait été chargé d'entamer pour régler le licenciement des troupes suisses. Le duc de Valmy s'aboucha avec les commissaires de la confédération, et, en peu de jours, le traité que négociait M. de Saint-Aignan fut conclu à des conditions plus avantageuses de quelques millions que celles que le ministère de la guerre avait permis de souscrire.

Continuons cette notice par une citation que nous empruntons à un ouvrage historique important :

« Le marquis de Valmy avait vu la révolution de 1830 à regret. Royaliste constitutionnel sous la Restauration, il marchait dans la voie ouverte par M. de Chateaubriand, et confondait dans son dévouement et la royauté héréditaire et la représentation nationale. Les ordonnances lui parurent une déplorable erreur, mais il eût voulu que la révolution de Juillet se bornât à faire rentrer le gouvernement dans l'exécution sincère de la Charte sans changer la dynastie.

» Toutefois, il se trouvait dans une position exceptionnelle : absent, il n'avait pris aucune part à ce qui s'était fait ; fils et petit-fils de grands capitaines au cœur généreux, il entendait parler de révision des traités de 1815, de grandeur nationale, de gloire enfin ; il crut aux serments, aux promesses, et offrit un concours sincère au gouvernement nouveau. Par malheur, ses illusions ne devaient pas être de longue durée. Initié à quelques-uns des secrets de la politique étrangère, il entrevit la position que la France allait prendre vis-à-vis de l'Europe, et ne voulant pas être complice du système de paix à tout prix, il s'empressa de rentrer dans sa patrie avec l'intention bien arrêtée de se démettre de tout emploi.

» A la première nouvelle de cette révolution, son père, le général duc de Valmy, lui déclara qu'il n'obtiendrait jamais son approbation, et que, s'il persistait, il cesserait de le voir et irait même jusqu'à le déshériter.

» Rien ne put ébranler la décision du marquis de Valmy ; entre la voix de ses affections, de ses intérêts légitimes et celle de sa conscience, il n'hésita pas. Seulement, par égard pour son père, il résigna sans bruit ses fonctions. Malgré tous les efforts faits pour le retenir, malgré les offres brillantes par lesquelles on s'efforça de le tenter, il renonça sans regret à une haute position, à une carrière qui promettait d'être brillante, pour vivre plus que modestement du produit de sa plume, consacrée à la rédaction du Rénovateur.

» La conduite du jeune marquis de Valmy, tout à la fois noble, ferme et mesurée, amena son père à revenir sur les dispositions qu'il avait prises contre lui. Avant de mourir, il lui rendit son affection et le patrimoine dont il avait d'abord voulu le priver.

» Dès que le duc de Valmy actuel fut en possession de la fortune laissée par le général, il s'en servit pour venir en aide à ses amis politiques. Il serait inutile de rappeler ici les sacrifices énormes qu'il fit pour soutenir un des organes de son parti. Cette conduite honorable n'a malheureusement rencontré qu'un très petit nombre d'imitateurs.

» En 1837, le duc de Valmy fut nommé commandeur de l'ordre du Sauveur par le roi de Grèce. Cette faveur était le prix des importants services qui avait rendus naguère à la cause des Hellènes.

» Élu député en remplacement de M. le duc de Fitz-James par le deuxième collége de la Haute-Garonne, sans avoir fait aucune démarche à cet effet, il remercia ses commettants par une circulaire en date du 28 février 1839.

» Dès le 1er juillet 1839, le duc de Valmy abordait la question orientale, touchant laquelle il devait plus d'une fois encore donner au gouvernement des avis pleins de sagesse et de prévoyance, dont la prise en considération aurait évité sans nul doute les ruineux armements et les funestes concessions que cette question coûta depuis à la France.

» Dans la séance du 11 janvier 1840, où était discuté le projet d'Adresse, l'honorable député a énergiquement reproché au ministère ces tristes concessions au système de paix à tout prix.

» Le 17 août 1840, le duc de Valmy publia une brochure remarquable intitulée : QUESTION D'ORIENT. »

La fin du discours prononcé le 12 avril 1841, dans la discussion du projet de loi sur les crédits extraordinaires de 1840 (1), mérite d'être rapportée.

« Deux fois, j'ai eu occasion, à cette tribune,
» d'accuser les ministres qui siègent sur ce banc,
» d'épuiser les ressources de la France en démons-
» trations inutiles; deux fois, les évènements sont
» venus justifier mes tristes prévisions; j'ai donc
» quelque droit de refuser aujourd'hui les arme-
» ments qu'on nous demande, si on ne nous pro-
» met pas d'en faire un meilleur usage.

» Et qu'on ne dise pas que je veux désarmer la
» France contre la coalition des puissances euro-
» péennes.

» Il n'y a pas de coalition possible devant la po-
» litique suivie par le cabinet, depuis son avène-

---

(1) Ce projet de loi était présenté neuf mois après le traité du 5 juillet, où les intérêts de Méhémet-Ali et la dignité de la France avaient été sacrifiés aux exigences des grandes puissances européennes.

» ment aux affaires; car, soyez-en sûrs, on ne se
» coalise pas contre un gouvernement qui accepte
» tout ce qu'on veut lui faire accepter. »

En se présentant aux élections de 1842, le duc de Valmy adressa aux membres du deuxième collège de la Haute-Garonne un tableau fidèle de la situation de la France.

» Le 21 mai 1841, le duc de Valmy avait déjà réclamé la liberté de l'enseignement avec toute l'autorité du talent appuyé sur le droit.

» Le député de la Haute-Garonne fut l'un des premiers à s'élever contre les humiliations du droit de visite. Il publia, à ce sujet, une brochure ayant pour titre : NOTE SUR LE DROIT DE VISITE, qui fixa l'attention des hommes sérieux sur une des questions les plus importantes de la politique adoptée par le gouvernement de Juillet. Les conclusions posées par le duc de Valmy dans cette Note ont été adoptées par la Chambre quelques jours après, et consacrées par l'amendement qui a imposé au cabinet du 29 octobre l'obligation de travailler au rappel des traités sur le droit de visite.

» Le duc de Valmy ayant été, avec quatre de ses collègues, visiter à Londres l'héritier proscrit d'une longue race de rois, non pour lui prodiguer les serviles flatteries émanées des esprits vulgaires, mais pour l'éclairer sur les devoirs imposés aux princes par le progrès des idées, eut à subir à son retour un arrêt de FLÉTRISSURE qui devait retourner à ses auteurs.

» On connaît la déplorable discussion provoquée par les maladroits amis du gouvernement ou par le gouvernement lui-même ; on sait que les cinq députés condamnés par la majorité douteuse de leurs collègues, en appelèrent à la justice des électeurs qui les ramenèrent en triomphe jusqu'aux portes de la Chambre. Il serait donc superflu de retracer un des épisodes les plus remarquables de l'histoire contemporaine : ce que nous devons redire ici, c'est que le duc de Valmy se montra à la Chambre digne de ses antécédents parlementaires, en conservant une noble et ferme attitude en face de ceux qui s'étaient constitués les juges de sa conscience.

» Sa démission ayant nécessité une nouvelle épreuve électorale, il obtint une majorité plus forte que dans les élections précédentes. »

Peu de temps après les élections, M. le duc de Valmy a proclamé des opinions généreuses dans une brochure nouvelle, intitulée : Coup-d'œil sur les rapports de la France avec l'Europe (1).

---

(1) M. le duc de Valmy a choisi cette épigraphe :
« L'histoire nous dit que les peuples se personnifient,
» pour ainsi dire, dans certaines races royales, dans les

Cette publication, qui a produit une sensation digne du nom de son auteur, renferme une appréciation aussi juste qu'énergique de la politique du cabinet français en présence des exigences toujours renouvelées, parce qu'elles sont toujours satisfaites des grandes puissances de l'Europe, notamment de l'Angleterre.

Ajoutons que, parmi les écrits de M. le duc de Valmy, écrits où l'éclat du talent s'allie à la fermeté des principes, sa dissertation relative aux ARTICLES ORGANIQUES, induement qualifiée de loi, concernant le concordat de 1801, se distingue par une connaissance approfondie des matières qui s'y rapportent, et où l'orateur prouve que ces articles sont en opposition flagrante aux stipulations même du concordat, avec la liberté sans restriction aucune, qui en est la base et le fondement. Il prouve, de plus, que le maintien de cette prétendue loi (contre laquelle le Saint-Siége protesta solennellement), tant par la restau-

---

» dynasties qui les représentent ; qu'ils déclinent quand
» ces races déclinent ; qu'ils se régénèrent quand elles se
» régénèrent ; qu'ils périssent quand elles succombent, et
» que certaines familles de rois sont comme ces dieux
» domestiques qu'on ne pouvait enlever du seuil de nos
» ancêtres sans que le foyer lui-même fût ravagé ou dé-
» truit. »
(Discours de M. Lamartine à l'Académie, 1ᵉʳ avril 1830.)

ration que par le gouvernement de juillet, est une des grandes erreurs des hommes d'état de ces deux régimes.

Nous avons dit, en commençant, que M. de Valmy s'était occupé de la grave question de la souveraineté temporelle du pape. C'était s'engager implicitement à faire connaître son opinion très compétente sur ce point, et c'est à quoi nous allons satisfaire. Cette opinion est exprimée sous forme de lettres adressées au Constitutionnel romain, communiquées, en même temps, à quelques journaux français : elles portent les dates des 25 décembre 1848 et 29 janvier 1849.

première lettre : aux Romains !

« Comment se terminera le conflit à jamais regrettable qui a éclaté à Rome, le 16 novembre, et qui vient, suivant l'expression du souverain pontife lui-même, de décapiter la ville sainte ? Telle est la question qui est posée en ce moment, non seulement devant le peuple romain, mais encore devant tous les peuples catholiques.

» En effet, il ne s'agit pas ici d'un état ou d'un peuple vulgaire; il s'agit d'un état et d'un peuple dont les liens sont étroits et exceptionnels avec tous les peuples et tous les états du monde. Rome n'est pas seulement la capitale d'une nation italienne, elle est, en même temps, la capitale du monde chrétien, et son souverain temporel est aussi le souverain pontife spirituel de tous les catholiques répandus sur la surface du globe......... Si les splendeurs de Rome chrétienne sont celles des plus belles cités, c'est parce que tous les peuples sont venus apporter leur pierre à ces majestueux édifices. En un mot, si Rome est la ville sainte pour tous les catholiques, elle est aussi pour eux une seconde patrie, et elle ne peut jouir de ce privilége sacré sans donner en retour un droit de cité à ceux qui la vénèrent. »

Puis, vient l'historique fidèle des événements déplorables qui obligèrent Pie IX à protester contre les violences inouies dont il fut l'objet; le meurtre de M. Rossi, la formation du ministère Mamiani, la fuite de Sa Sainteté, etc.

M. le duc de Valmy termine son allocution par de sages conseils et par un avertissement qui, au moment où il écrivait, revêtait un caractère de prévision remarquable, puisque cette prévision s'est complètement réalisée. « Vous avez possédé assez longtemps et assez glorieusement, dit-il, la puissance de l'épée, soyez neutres aujourd'hui, déposez le sceptre du combat, pour conserver le sceptre des luttes intellectuelles. Car, NE VOUS Y TROMPEZ PAS, LE MONDE CHRÉTIEN NE LAISSERA PAS SON CHEF SPIRITUEL DÉPOUILLÉ DANS ROME DE SON AUTORITÉ POLITIQUE ... »

A la date de la seconde lettre de M. de Valmy, les événements avaient marché dans le sens révolutionnaire.— Une junte dictatoriale, composée du fameux Mazzini et d'autres étrangers, ses amis, venait de faire décréter aux Chambres la convocation d'une Assemblée constituante, qui serait élue par le suffrage universel, etc.» Après avoir brièvement rappelé que les institutions constitutionnelles, fondées par Pie IX étaient d'autant plus sages qu'elles laissaient intactes les prérogatives souveraines de la papauté, tout en donnant satisfaction aux exigences de l'esprit du temps. M. de Valmy se livra ensuite à des considérations historiques sur les immenses services rendus à la ville de Rome par les papes : « Dieu avait choisi la cité des Césars, dit-il, pour y fonder son église, et le torrent dévastateur qui avait englouti Ninive, Babylone et Carthage, a traversé Rome sans l'anéantir. Vingt fois la colère des barbares a fait remonter le flot vengeur jusque sur les remparts de la ville sainte, et vingt fois la papauté l'a relevée de ses ruines. Le prestige des clefs catholiques a protégé ce que les aigles romaines n'avaient pu défendre, et la nouvelle capitale du monde est restée debout sous l'égide des souverains pontifes, comme les colonnes Antonine et Trajane, sous les pieds de saint Pierre et de saint Paul...................

» Pour compléter cette grande œuvre, la papauté

a donné de nouveaux domaines à la ville éternelle; elle lui a conquis l'empire des âmes, et elle a reculé les limites bien au-delà des limites de l'empire romain...... C'est de Rome que sont partis les enseignements qui devaient régénérer les races humaines, relever leur dignité, et substituer au principe de l'esclavage celui de la fraternité, etc. »

Ces lettres, que nous aurions aimé à citer tout entières, tant elles nous semblent remarquables, ces lettres, inspirées par des sentiments chrétiens trop rares dans nos temps d'injustice et de corruption, resteront dans la mémoire de tous ceux qui les ont lues.

Ce qui précède explique les regrets que le pays éprouve de ne point voir à l'Assemblée nationale un orateur d'élite, qu'elle écouterait toujours avec l'intérêt qui s'attache à de purs sentiments, à de nobles principes.

Tisseron,
Gérant de la Revue.

et Trémolière,
Ancien Membre de l'Institut historique.

www.ingramcontent.com/pod-product-compliance
Lightning Source LLC
Chambersburg PA
CBHW061611040426
42450CB00010B/2434